AF313356

Le P. Jean de Brébeuf,

de la Compagnie de Jésus,

premier apôtre des Hurons,

PAR

LE P. FRÉD. ROUVIER, S. J.

SOCIÉTÉ SAINT-AUGUSTIN,

DESCLÉE, DE BROUWER ET Cie,

LILLE.

Le Père Jean de Brébeuf.

Le P. Jean de Brébeuf,

de la Compagnie de Jésus,

premier apôtre des Hurons,

PAR

LE P. FRÉD. ROUVIER, S. J.

SOCIÉTÉ SAINT-AUGUSTIN,

DESCLÉE, DE BROUWER et Cⁱᵉ,

LILLE.

IMPRIMATUR.

Brugis, die 4ª octobris 1890.

H. LAHOUSSE, Can.
Libr. Cens.

Imprimé par la Société Saint-Augustin, Bruges.

 Le P. Jean de Brébeuf.

C'EST la belle fête de l'Annonciation de l'an de grâce 1593 (25 mars), qui donna à l'Église et à la France Jean de Brébeuf. La noble famille, au foyer seigneurial de laquelle ce petit enfant naissait, avait sa résidence à Condé-sur-Vire, en Normandie ([1]). Il est à croire que les premières et les plus fraîches années de Jean s'écoulèrent dans cette ville au milieu des siens. Mais on ignore le lieu de ses études, et l'on ne sait pas davantage le genre d'occupations auxquelles il se livra jusqu'à vingt-quatre ans. Alors seulement nous retrouvons ses traces, au moment même où, conduit par son ange, il frappe à la porte du noviciat de Rouen et demande à être reçu dans la Compagnie de Jésus (8 novembre 1617).

Son humilité s'y fût contentée du dernier rang : une place parmi les frères coadjuteurs,

---

1. Le P. de Brébeuf eut pour petit-neveu Guillaume de Brébeuf, l'auteur de la *Pharsale*.

c'est tout ce que Jean sollicitait. — On crut avec raison que Dieu attendait autre chose de lui : il se soumit au jugement de ses supérieurs, et, son noviciat terminé, il passa au collège de Rouen pour y faire une classe de grammaire à quelques pauvres écoliers.

Mais dans ces enfants, le futur apôtre voyait déjà des âmes : aussi se dévoua-t-il à elles sans réserve ; il s'y dévoua même tellement que son dévouement l'emporta vite sur ses forces. Deux ans après son entrée au collège, son épuisement était si grand qu'on dut le décharger de toute occupation. Jean de Brébeuf avait alors vingt-huit ans.

Cette inaction forcée, avec ses inséparables tristesses à un pareil âge surtout, c'était la croix ! Empreinte austère dont le Divin Rédempteur marquait les débuts de cette vie religieuse, en attendant qu'il en marquât le terme d'un sceau plus auguste, le témoignage du sang !

Cependant le zèle ardent du jeune jésuite ne pouvait s'accommoder d'une vie entièrement inactive. Saintement avide des grandeurs du sacerdoce, Jean consacra donc le reste de ses forces à recueillir, dans une étude solitaire et pénible, les connaissances théologiques les plus indispensables au prêtre de Jésus-Christ. Dieu bénit ce courageux travail et, deux ans après, le 25 mars 1623, à Rouen même, le P. de Brébeuf avait le bonheur de monter pour la première fois au saint autel !

Le soldat du Christ était prêt désormais. L'appel ne se fit pas entendre immédiatement toutefois. Le P. de Brébeuf, dont la forte santé avait enfin repris sa vigueur première, remplit pendant trois années encore la charge de Procureur au collège de Rouen. — Mais au commencement de 1625, ses vœux furent comblés et ses Supérieurs le désignèrent pour la mission du Canada qu'ils s'apprêtaient à fonder.

A cette époque, le Canada était définitivement devenu français. Cartier l'avait donné à la mère-patrie, comme un joyau de prix et, grâce à Champlain, depuis une vingtaine d'années déjà, les flots majestueux du St-Laurent reflétaient les royales couleurs de France. Mais ces couleurs ne flottaient que le long du grand fleuve et n'y abritaient guère que des établissements naissants. — Québec se réduisait à quelques cabanes défendues par un retranchement palissadé. — Avec un sens politique à la profondeur duquel le protestantisme lui-même a rendu hommage, Champlain comprit que le catholicisme serait le rempart le plus ferme de cette colonie au berceau. Il appela donc, en 1615, les Récollets au Canada.

Ces dignes religieux se mirent aussitôt à l'œuvre : mais, au bout de quelques années d'un labeur incessant, ils virent bien qu'ils ne pourraient suffire au travail et ensemencer le vaste champ qui s'étendait devant eux ; à leur tour, ils réclamèrent des aides. Toujours prompte à donner le meilleur de son sang aux missions les plus déshéritées, la Compagnie de Jésus, à laquelle ils s'étaient adressés, répondit généreusement à leur appel. Le 27 avril 1625, sous la conduite d'un récollet de haute naissance, le P. Joseph de la Roche d'Aillon, six jésuites s'embarquèrent pour la Nouvelle France.

Le P. Jean de Brébeuf était parmi eux ([1]). Dès l'abord, il put constater que la jeune mission était vraiment une terre à conquérir; car, à peine arrivés à Québec (19 juin 1625), les missionnaires s'en virent durement refuser l'accès. Sur le même vaisseau qu'eux, la haine, dont on les poursuivait en Europe, avait franchi l'océan et elle les attendait à leur débarquement dans le Nouveau-Monde. — Heureusement, les Récollets avaient un établissement non loin de la ville ; ils y accueillirent leurs frères d'armes, et ils partagèrent généreusement leur tente avec ceux qui venaient courageusement partager leurs héroïques combats.

Peu à peu, du reste, la haine s'émoussa, les préventions tombèrent, et un jour arriva où l'on finit par concéder un terrain aux jésuites, non loin du couvent où ils avaient reçu jusque-là l'hospitalité. — Ils en prirent posses-

---

1. Il avait pour compagnons le P. Ch. Lalemant, supérieur, ancien recteur du Collège de Clermont, à Paris, le P. Masse, ancien ministre au collège de la Flèche et trois frères coadjuteurs.

sion (23 sept. 1625), en y élevant une grande croix et, après s'y être rapidement installés, ils se mirent en devoir d'entamer avec ardeur l'œuvre à laquelle N. S. les appelait.

****

Le P. de Brébeuf fut d'abord employé auprès des colons français. Bien qu'il eût réussi à souhait dans ce ministère, on ne tarda point cependant à le désigner pour la mission Huronne. Il devait y accompagner de P. de la Roche d'Aillon, avec lequel il remonta effectivement le fleuve pour se rendre à sa destination. Mais le meurtre du P. Vial, assassiné par les Hurons, après deux ans de séjour chez eux, arrêta les voyageurs en route et les força pour cette fois à rebrousser chemin.

La déception fut grande chez le P. de Brébeuf. Notre Seigneur lui réservait une compensation. Rentré à Québec, le Serviteur de Dieu reçut l'ordre de s'adjoindre à quelques Algonquins et de les suivre en chasse, pendant tout l'hiver. excellente école que celle-là pour se familiariser avec les coutumes de ces peuplades et pour s'approprier leur langue, mais rude et mortifiante école aussi ; car il ne s'agissait de rien moins que de vivre pendant six mois comme ces chasseurs sauvages et de supporter de concert avec eux leurs fatigues et leurs incessantes privations. Heureusement la souffrance importe peu quand on souffre pour Dieu ! Le hardi missionnaire prit donc son bâton de voyage et partit, l'allégresse au cœur (20 oct. 1625).

Ce que fut sa vie dans la forêt, un autre missionnaire, le P. Le Jeune, l'a raconté d'une plume trop naïvement spirituelle pour que nous ne lui empruntions pas simplement son récit :

« La cabane, écrit-il, se construit à chaque nouveau campement. Sa base est un grand trou creusé dans la neige, sur lequel on plante une charpente légère formée de perches recouvertes d'écorces de bouleau cousues ensemble. De petites branches de sapin, répandues sur le sol, servent de plancher et de lit. Vous ne sauriez rester debout dans cette maison, tant pour sa bassesse que pour la fumée... il faut toujours être couché ou assis sur la terre plate : c'est la posture ordinaire des sauvages.

« Ce cachot.... a quatre grandes incommodités : le froid, le chaud, la fumée et les chiens. — Pour le froid, vous avez la tête à la neige : il n'y a qu'une branche de pin entre deux, bien souvent rien que votre bonnet. Les vents ont la liberté d'entrer par mille endroits. Quand il n'y aurait que la fenêtre d'en haut qui sert de fenêtre ou de cheminée tout ensemble, le plus gros hiver de France y pourrait passer tous les jours sans empressement. La nuit, étant couché, je contemplais par cette ouverture et les étoiles et la lune, autant à découvert que si j'eusse été en pleine campagne.

« Or, cependant, le froid ne m'a pas tant tourmenté que la chaleur du feu. Un petit lieu comme sont ces cabanes s'échauffe aisément par un bon feu qui me rôtissait parfois et me grillait de tous côtés, à raison que la cabane étant trop étroite, je ne savais comment me défendre de son ardeur. D'aller à droite ou à gauche, vous ne sauriez ; car les sauvages, qui sont vos voisins occupent vos côtés. De reculer en arrière, vous rencontrez cette muraille de neige ou ces écorces qui vous bornent. De s'étendre, la place est si étroite que les jambes seraient à moitié dans le feu...... Je dirai néanmoins que le froid et le chaud n'ont rien d'intolérable ; mais, pour la fumée, je vous confesse que c'est un martyre. Elle me faisait pleurer nécessaire-ment, sans que j'eusse ni douleur, ni tristesse dans le cœur...... Il fallait parfois mettre la bouche contre terre pour pouvoir respirer... J'ai cru, plusieurs fois, que j'allais être aveu-gle... Les yeux me cuisaient comme le feu.

« Pour les chiens, je ne sais si je dois les blâmer, car ils m'ont rendu souvent de bons services : il est vrai qu'ils tiraient de moi la même courtoisie qu'ils me prêtaient. Ne pouvant subsister à l'air, hors de la cabane, ces pauvres bêtes se venaient coucher, tantôt sur mes épaules et tantôt sur mes pieds...... Étant affamés ils ne faisaient qu'aller et venir, rôdant partout dans la cabane... Ils nous passaient et sur la face et sur le ventre, et si souvent et avec une telle importunité,

qu'étant las de crier et de les chasser, je me
couvrais quelquefois le visage, puis je leur
donnais liberté de passer où ils voudraient...
Pendant que nous mangions, ils portaient le
nez dans nos écuelles plus tôt que nous n'y
portions la main......

« La nourriture devenait un autre genre de
tourment. Quand la chasse était bonne, la
pâture était abondante ; mais le sauvage
n'a pas la prévoyance du lendemain. Il
mange gloutonnement et sans ménagement
tant qu'il lui reste un morceau, comme s'il
ne pouvait pas y avoir pour lui de mauvais
jours !...... Aussi, lorsque le temps ne permettait pas de sortir ou que la chasse ne fournis-
sait aucune subsistance, tout le monde était
condamné à passer trois ou quatre jours de
suite sans nourriture que des bourgeons d'ar-
bres, quelques écorces tendres, quelques
morceaux de mousse, connus des voyageurs
modernes sous le nom ironique de tripes de
roche, qu'on essayait de faire cuire.

« C'est alors que, quand je pouvais avoir
une peau d'anguille pour une journée, je me

tenais pour avoir bien déjeuné, bien dîné et bien soupé ([1]). »

*
* *

Sept mois durant, telle fut la vie du P. de Brébeuf. Pour crucifiante qu'il faille bien la reconnaître, elle n'attiédit pas son zèle : elle le réchauffa et le rendit plus ardent. Quand le missionnaire revint à N.-D. des Anges, résidence de ses frères (27 mai 1646), il brûlait autant que jamais de partir pour le pays des Hurons. — Cette consolation ne devait plus lui être longtemps refusée : quelques mois après, lorsque, ses échanges terminés, la flottille huronne se remit en marche pour remonter le St-Laurent, elle ramenait avec elle dans un de ses canots légers, l'apôtre de sa nation ([2]).

Le voyage fut pénible. Plus d'une fois, pendant ce long trajet de huit cents kilomètres, la main du missionnaire se meurtrit sur

1. Relations des missions de la Nouvelle France, année 1642. — Cité par le R P. Martin. *Le P. Jean Brébeuf, sa vie, ses travaux, son martyre :* nous emprunterons beaucoup à cette intéressante vie.

2. — Quand le P. de Brébeuf arriva au pays des Hurons, il n'y trouva pas un seul chrétien. Lorsqu'il mourut, on y en comptait 8000 environ.

la pagaie : plus d'une fois il dut transporter sur ses épaules comme ses compagnons de route, les bagages et le canot lui-même : « Nous n'en pouvions plus, a-t-il écrit à ce propos ; mais Dieu nous faisait goûter les consolations du Paradis. »

Enfin on arriva. Le P. de Brébeuf se fixa au village de St-Joseph où s'arrêta également le P. de Noüe, son compagnon, tandis que le P. de la Roche d'Aillon s'établissait à Caragoua. Mais ces deux religieux ne séjournèrent pas longtemps chez les Hurons. Ils rentrèrent quelques mois après à Québec, le premier découragé par les difficultés de l'idiome, le second rappelé par ses supérieurs, et à partir de ce moment le P. de Brébeuf demeura seul, au milieu des sauvages, dans un isolement aussi douloureux que complet.

Mais Dieu lui restait. Il lui restait sur son pauvre crucifix de jésuite, pour lui apprendre silencieusement l'amour des souffrances. Il lui restait, aussi et surtout, dans la T. Ste Eucharistie. Chaque matin, le Roi des rois descendait dans la pauvre hutte de son missionnaire. De l'autel misérable où se renouvelait

le sacrifice du Calvaire, il passait dans le
cœur de Jean et il le remplissait de flammes
ardentes. Visite divine bien nécessaire pour
réconforter le P. de Brébeuf et pour le prému-
nir contre le découragement, en présence de
la stérilité apparente de ses rudes travaux.
Car, hélas ! si le serviteur de Dieu semait d'une
main infatigable, il ne moissonnait rien. — En
vain se dévouait-il de toutes les façons, en
vain consacrait-il ses jours et ses nuits au soin
des malades, en vain avait-il traduit le caté-
chisme si substantiel du P. Lédesma : les
cœurs restaient de pierre. Ou, pour mieux
dire, les cœurs se laissaient bien toucher par
cette charité, mais les âmes demeuraient
invinciblement fermées à la vérité. A tous les
efforts du Père, les Hurons, enchaînés par
une vie licencieuse à leurs tristes erreurs, répon-
daient d'un mot, toujours le même : « Tes
usages ne sont par les nôtres, ton Dieu ne
peut pas être notre Dieu. » —

C'est donc dans une désolante infécondité
que s'écoulaient les jours du missionnaire. —
A peine parvenait-il à baptiser de loin en
loin quelques enfants sur le point de mourir.
Mais, dans ces anges qui s'envolaient radieux

vers le Paradis, il devinait le peuple d'élus dont ils étaient les prémices et il demeurait inaccessible au découragement, quand un ordre inattendu vint le surprendre : il était rappelé à Québec. Qu'était-il donc arrivé? Et pourquoi délaissait-on ce champ, au moment même où le premier défrichement en était à peu près achevé?

**
* *

En butte à la sourde malveillance de la compagnie des marchands qui régnait en fait à la Nouvelle France, la mission du Canada était gravement compromise. Pour la sauver, le P. Lallemant, Supérieur, avait inutilement envoyé le P. Noirot chercher des secours à Paris. Il se disposait à passer dans le même but en Europe et, avant de partir, il avait voulu réunir tous les Pères à Québec, en prévision d'éventualités qui ne devaient que trop se réaliser malheureusement. De là, l'ordre envoyé au P. de Brébeuf.

Les adieux des Hurons au missionnaire furent touchants. Ces pauvres gens, si insouciants jusqu'alors, semblèrent comprendre la

perte qu'ils allaient faire.« Tu pars, Echon ('),
lui disaient-ils en pleurant, et nous ne savons
pas encore adorer comme toi le Maître de la
vie ! Si nous ne connaissons pas ton Dieu,
nous le prendrons à témoin que ce n'est pas
notre faute mais la tienne, puisque tu nous
quittes si tôt ! »

L'ordre de retour était trop formel pour
que le P. de Brébeuf se laissât arrêter par ces
supplications. Il arriva à Québec, le 17 juillet
1628. Une nouvelle douleur l'y attendait. Après
avoir défié l'ennemi aussi longtemps qu'il avait
eu de la poudre et des mèches, Champlain,
manquant à la fois de pain et de munitions,
avait dû rendre Québec aux Anglais (19 juillet
1629). Mais dans cette extrémité, il avait
encore énergiquement dicté des conditions
au vainqueur. L'une d'elles stipulait le libre

---

1. Nom du P. de Brébeuf chez les Hurons. Chaque
missionnaire avait le sien de la même façon. — Ces sauvages appelaient aussi « mon oncle, mon neveu » ceux
qu'ils voulaient honorer : c'était sans doute une manière
de leur signifier qu'ils ne les considéraient plus comme
des étrangers. Mais, souvent aussi, ces appellations deve-
naient ironiques sur leurs lèvres, comme lorsqu'ils les
employaient en s'adressant aux prisonniers de guerre
qu'ils traînaient au supplice.

retour des missionnaires en Europe, à bord
de l'escadre conquérante. Le P. de Brébeuf
fut contraint d'en profiter, comme ses con-
frères, et il lui fallut quitter tristement cette
terre où il avait espéré mourir. — L'heure
des ténèbres était arrivée. En voyant l'héroïque
phalange se rembarquer pour l'Europe, les
anges tutélaires du Canada purent se voiler
la face, car l'enfer triomphait. Allait-il pré-
valoir pour toujours ?

**
* *

Non. Dieu ne détournait pas en effet son
regard de cette terre où la Papauté devait
trouver un jour de si chevaleresques défen-
seurs. Il n'abandonnait pas ces âmes dans lesquelles le christianisme allait jeter de si pro-
fondes racines. Trois ans après, le traité de
Saint-Germain-en-Laye rendait le Canada à la
France, et, le 5 juin 1633, une salve de coups
de canon annonçait joyeusement à Québec
l'arrivée d'une escadrille française. C'était
Champlain qui, après Duplessis-Bochard, son
lieutenant, revenait prendre possession du Canada au nom du Roi, tandis que le P. de Brébeuf et le P. Masse, qui étaient à son bord, en

revenaient prendre possession au nom de Dieu ([1]).

L'apôtre retournait au combat plein d'une résolution nouvelle. Durant ces trois ans, — qu'il avait passés, partie au collège de Rouen, partie au collège d'Eu, en qualité de procureur, — il s'était en effet lié à JÉSUS-CHRIST par de nouveaux serments : le 30 janvier 1630, il avait prononcé à Rouen les vœux solennels de coadjuteur spirituel. « J'ai senti, notait-il peu de jours auparavant, un vif désir de souffrir quelque chose pour JÉSUS-CHRIST... Je me suis offert, et j'ai dit : faites-moi, Seigneur, un homme selon votre cœur. Enseignez-moi ce que vous voulez que je fasse. Rien maintenant ne me séparera de votre amour, ni la nudité, ni le glaive, ni la mort.... »

Et l'année suivante, c'est de son sang qu'il écrivait et signait cette autre déclaration, où sa soif de souffrance s'affirmait davantage encore et qui était comme les arrhes de son futur martyre :

« Seigneur JÉSUS, mon Rédempteur ! vous

---

1. Le P. Le Jeune, nouveau supérieur de la mission, les avait pourtant précédés à la Nouvelle France.

m'avez racheté par votre sang et votre mort
très précieuse. C'est pourquoi je vous promets
de vous servir toute ma vie dans la Compagnie
de Jésus et de ne jamais servir aucun autre
que vous. Je signe cette promesse de mon
sang, disposé à vous le sacrifier tout entier
aussi volontiers que cette goutte.

« Jean de Brébeuf, S. J. »

Ce sang généreux, nulle part le vaillant
missionnaire n'avait autant de chances de le
verser que chez les sauvages. Il était donc
bien naturel qu'à peine débarqué, ses regards
et son cœur surtout se tournassent de ce côté.
Il put croire un instant que Dieu lui-même
lui aplanissait le chemin du retour vers ces
forêts si chères. Au commencement du mois
d'août 1633, quelques semaines seulement
après son arrivée à la Nouvelle France, il était
en effet sur le point de partir pour le Lac Huron,
quand, à l'instigation d'un chef, docile instrument de l'enfer, on refusa soudainement de
le laisser monter dans les canots. La légère
flottille s'ébranla et disparut bientôt à l'hori-
zon, laissant sur la rive l'apôtre qu'elle venait
de repousser, mais suivie malgré elle de ses

puissantes prières et de ses plus paternelles bénédictions.

** *

Bénédictions et prières commencèrent à porter leurs fruits dès l'année suivante. — Entretemps le P. de Brébeuf avait par intérim gouverné la mission durant six mois, tout en consacrant le meilleur de son zèle aux sauvages qu'il avait pu trouver à Québec. — A l'époque des échanges, il alla au devant des Hurons jusqu'à Trois-Rivières. La traite terminée, il espérait repartir avec eux. Bien que traversé encore par un premier refus, cet espoir ne fut pas pourtant déçu cette fois, et le P. de Brébeuf eut le bonheur, en effet, de se mettre en route, le 6 juillet 1634, accompagné du P. Daniel et d'un jeune Français.

Le voyage dura trente jours. Il fut tellement rude que le P. de Brébeuf écrivait à ses supérieurs : « Je me suis trouvé quelquefois si bas que le corps n'en pouvait plus. » Et cela se comprend, à lire ce qu'il rapporte ailleurs de ces courses épuisantes. « …En péril cinquante fois le jour, de verser ou de briser sur les roches, pendant la journée le soleil vous brûle : pendant la nuit vous êtes la proie des maringouins. Vous montez quelquefois cinq à six sauts (rapides) dans un jour, et n'avez le soir pour tout réconfort qu'un peu de blé cuit avec de belle eau claire ; pour lit, la terre et bien souvent des roches inégales et raboteuses, d'ordinaire point d'autre abri que les étoiles, et tout cela dans un silence perpétuel... Mais, ajoute l'intrépide ouvrier, quel contentement d'aller par ces sauts et de gravir sur ces rochers à celui qui a devant les yeux cet aimable Sauveur harassé de tourments et montant le Calvaire, chargé de sa croix ! L'incommodité du canot est bien aisée à souffrir à qui Le considérera crucifié ! Et quelle consolation de se voir, même par les chemins, abandonné des sauvages, languir de maladie ou mourir de faim dans les bois et de pouvoir dire à Dieu : c'est pour faire votre sainte volonté que je suis réduit au point où vous me voyez ! »

Cette consolation, le P. de Brébeuf avait pu la ressentir dès son arrivée au pays des Hurons. Car à peine y avait-il débarqué, qu'il fut abandonné tout seul, le soir, sur le rivage par ses conducteurs insouciants : « Je me prosternai aussitôt à genoux, dit-il, pour remercier Notre-Dame et saint Joseph des faveurs et des grâces que j'avais reçues pendant le voyage. Je saluai l'ange tutélaire du pays, et m'offris à Notre-Seigneur pour le salut de ce peuple.... (5 août 1634).

Sa prière terminée, le P. de Brébeuf se relève plein de calme. Il rassure ses compagnons, se met à la découverte et, au bout de quelque temps, il est assez heureux pour arriver jusqu'au village qu'il avait quitté six ans auparavant. On juge de la joie des pauvres Hurons, en revoyant celui dont ils avaient tant pleuré le départ ! — Devant cette explosion de reconnaissance, le missionnaire ne crut pas devoir aller plus loin. Il résolut de s'arrêter à Saint-Joseph où il s'installa définitivement dans une grossière cabane de branches et d'écorces, relativement spacieuse, mais « si chétive, avouait-il, que je n'en trouve quasi en France d'assez misérable pour pouvoir dire : « Voilà comme vous seriez logés (¹) ! »

*
* *

Cette pauvre hutte devint le quartier géné-

---

1. *Mémoire sur la mission huronne.*

ral du Serviteur de Dieu. Sous bien des rapports, les Hurons étaient véritablement de grands enfants : on les traita comme tels. Le moulin portatif des missionnaires, leur horloge, tout était pour ces natures incultes matière à profonde admiration. On s'en servit d'abord pour les attirer : quand ils étaient réunis, le P. de Brébeuf leur expliquait quelqu'une des vérités chrétiennes : il allait aussi les voir dans leurs cabanes, surtout lorsqu'ils étaient malades. Mais l'enfer faisait bonne garde : il défendait avec acharnement ces âmes qu'on voulait lui arracher et l'œuvre de la conversion n'avançait guère.

Cependant le crédit du P. de Brébeuf augmentait chaque jour. Une épidémie, qui lui donna l'occasion de se prodiguer auprès de tous ; le titre de capitaine ou de chef qu'il reçut de la reconnaissance des Hurons ; la qualité de délégué dont l'investit Champlain ; une sécheresse que ses prières firent cesser ; et surtout le tranquille courage qu'il déploya, à la veille d'une invasion iroquoise, pour rassurer son peuple et mettre les villages en état de défense, grandirent encore son autorité. Mais si cette autorité amenait les sauvages à admettre le P. de Brébeuf jusque dans leurs conseils, elle n'allait pas encore jusqu'à rendre leurs cœurs dociles à ses enseignements. Grâce à l'inconstance proverbiale de ces peuplades, elle était même impuissante à garantir complètement les jours des missionnaires. « Notre vie ne tient qu'à un fil, déclarait le P. de Brébeuf, et si, en quelque lieu du monde que nous soyons, nous devons attendre la mort à toute heure, et avoir toujours « notre âme entre nos mains », c'est particulièrement en ce pays ; car, outre que notre cabane n'est que comme de paille et que le feu y peut prendre à tout instant, nonobstant le soin que vous pouvez avoir pour détourner ces accidents ; la malice des sauvages vous donne sujet de ce côté-là d'être dans des craintes perpétuelles. Un mécontent peut vous brûler ou fendre la tête à l'écart. Et puis, vous êtes responsable de la fécondité ou stérilité de la terre, sous peine de vie : vous êtes la cause des sécheresses ; si vous ne faites pas pleuvoir, on ne peut pas moins que de se défaire de vous...... (1) »

---

1. *Mémoire* sur la mission huronne.

Ces paroles enjouées n'avaient rien d'exa-géré. L'année 1637 le prouva bien.

*
* *

Cette année-là s'était pourtant ouverte sous les plus favorables auspices. Elle avait amené à la mission trois nouveaux jésuites, les Pères Charles Garnier, Isaac Jogues et Chastelain. Ainsi se trouvait largement comblé le vide fait par le départ des Pères Davost et Daniel, que le P. de Brébeuf avait envoyés à Québec, avec quelques enfants hurons qu'ils y devaient élever.—L'Immaculée Conception, à laquelle toutes les missions du Canada avaient été so-lennellement consacrées le 8 décembre 1635, semblait donc bénir l'œuvre entreprise dans la presqu'île huronne. — Mais la croix est tou-jours plus ou moins mêlée ici-bas aux béné-dictions du ciel. — A peine arrivés, les nouveaux venus tombèrent malades. Puis, gagnant de cabane en cabane, la contagion s'étendit dans tout le pays. Heureux fléau qui ouvrit à bien des mourants les portes du Paradis, car les missionnaires en purent bap-tiser plus de douze cents (¹) !

1. Lettre du P. Jogues à son frère, le P. Samuel, capucin.

Mais la haine, qui ne s'endort jamais, guettait sa proie dans l'ombre... Bientôt de sourdes rumeurs circulent de tous côtés. Cette maladie, seules, les Robes-Noires en sont la cause : qu'elle cesse ou ses auteurs en supporteront les terribles conséquences! Un moment, les calomnies semblèrent s'assoupir et tomber : mais le P. de Brébeuf, ayant transporté le siège de la mission d'Ihonatiria, à peu près détruit, à Ossossane, les haines se rallument tout à coup sous je ne sais quel souffle maudit, elles embrasent rapidement la contrée entière et dès lors tout semble irrémédiablement compromis.

Le Serviteur de Dieu est accusé au conseil des chefs. On l'y attaque violemment en paroles, sans oser porter la main sur lui toutefois. Au sortir de l'enceinte, un coup de hache, se trompant d'adresse, fait rouler dans l'ombre la tête du sauvage qui le précédait. Le 3 octobre, on met le feu à la cabane des Robes-Noires. L'incendie ayant été conjuré, on s'apprête à envelopper tous les missionnaires dans un commun massacre. — Ce n'était plus qu'une question de jours, une question d'heures peut-être. — Dans cette extrémité, le P. de Brébeuf

écrit à son supérieur de Québec une admirable
lettre d'adieu que tous les Pères signent; puis,
après avoir ordonné une neuvaine de messes
à saint Joseph, il prend un parti hardi, mais
qui dévoile bien la calme sérénité que sa
grande âme conserve au milieu des plus terribles dangers.

C'était une coutume chez les sauvages que
celui qui allait être mis à mort invitait à un
festin d'adieu sa famille, ses amis et ses
futurs bourreaux. Au cours du banquet, il se
levait, prenait la parole, et, comme pour jeter
à ceux qui devaient le torturer le défi de
vaincre sa constance, il faisait le récit de ses
anciens exploits. — Se considérant comme
condamné, le P. de Brébeuf fit préparer ce
festin suprême. Les Hurons accoururent en
grand nombre. Le Père se lève alors et d'une
voix forte, il célèbre, non pas son propre
courage, mais les perfections du Grand Esprit,
la justice de Dieu, les récompenses qu'il réserve aux bons, les châtiments dont son inexorable courroux frappera les méchants...

Ce qui aurait dû achever la perte des missionnaires fut ce qui les sauva. En quelques jours, l'orage s'apaisa complètement. Sans doute, le tomahawk se leva plus d'une fois encore sur leur tête ; mais ils purent du moins reprendre dans une sécurité relative leurs travaux apostoliques, et le P. de Brébeuf en profita pour fonder une nouvelle station à Teananstayac. Cet acte fut le dernier de son administration ; il céda à cette époque le gouvernement de la mission au P. Jérôme Lalemant, qui venait d'arriver pour le remplacer (26 août 1638).

Ce fut avec bonheur que le P. de Brébeuf déposa ce fardeau de la supériorité, lourd à toutes les épaules, mais que sa profonde humilité lui rendait particulièrement pesant. — Il se considérait comme n'étant « propre qu'à obéir, parce qu'il était dépourvu, disait-il, d'esprit et de prudence ». — Et il ajoutait : « Incapable de me conduire moi-même, j'ai autant de plaisir à obéir qu'un enfant, qui n'a pas la force de marcher, en trouve à se laisser porter dans les bras de sa mère. » Aussi ses règles étaient-elles sacrées pour lui, et un de ses supérieurs a pu rendre ce beau témoignage qu'il ne lui en avait jamais vu violer une seule.

Cette héroïque fidélité n'avait rien de forcé chez le Serviteur de Dieu. Tout en lui était imprégné d'une séduisante douceur. « Depuis douze ans, déclarait le P. Ragueneau, je l'ai vu supérieur, inférieur, tantôt dans les affaires temporelles, tantôt dans les travaux des missions, traitant avec les sauvages, les chrétiens, les infidèles, les ennemis, en butte aux persécutions, aux calomnies, et jamais je ne l'ai vu, je ne dis pas en colère, mais donner la moindre marque d'impatience ou de vivacité. »

Quant à son amour de la chasteté, rien n'en pourra dire autant que la délicieuse page qui suit et que nous ne nous pardonnerions pas de ne point citer dans son entier.

« Vous souvient-il, écrit le P. de Brébeuf, de cette herbe nommée la crainte de Dieu, dont on disait au commencement de notre Compagnie que nos Pères charmaient l'esprit d'impureté? Elle ne croît pas dans la terre des Hurons ; mais il en tombe du ciel à foison, si peu qu'on soit soigneux de cultiver celle qu'on y apporte. La barbarie, l'ignorance, la pauvreté et la misère, qui rendent la vie de ces sauvages plus déplorable que la mort, nous sont une leçon continuelle de regretter la chute d'Adam et de nous soumettre entièrement à celui qui châtie encore la désobéissance en ses enfants, d'une façon si remarquable, après tant de siècles. — Sainte Thérèse disait autrefois qu'elle ne se trouvait jamais mieux en ses méditations que dans les mystères où elle trouvait N. S. à l'écart et sans compagnie, comme si elle eût été au Jardin des Olives, et elle appelait cela une de ses simplicités. On comptera ceci, si l'on veut, parmi mes sottises ; mais il me semble que nous avons ici d'autant plus de loisirs pour caresser, par manière de dire, et entretenir Notre-Seigneur à cœur ouvert, au milieu de ces terres inhabitées que moins il y a de personnes qui s'en mettent en peine. Et moyennant cette faveur, nous pouvons dire hardiment : « *Non timebo mala quoniam tu mecum es* » (Ps. XXII). Bref, je me représente que tous les anges gardiens de ces nations incultes et délaissées sont continuellement en peine et en action pour nous sauver de ces dangers. Ils savent bien que, s'il y avait quelque chose au monde qui nous dût donner des ailes pour retourner d'où nous sommes venus, et par obéissance et par inclination propre, ce serait ce malheur, si nous n'en étions à couvert sous la protection du ciel ; c'est ce qui les réveille à nous en procurer les moyens, pour ne pas perdre la plus belle espérance qu'ils aient jamais eue, par la grâce de Dieu, de la conversion de ces peuples (¹). »

*_**

Après avoir continué à évangéliser pendant deux ans les villages hurons, le P. de Brébeuf fut envoyé par son Supérieur auprès d'une peuplade voisine, la Nation Neutre, dont le territoire s'étendait jusqu'au Niagara (novembre 1640). Le P. Chaumonot lui servait de compagnon. C'était un nouveau champ qui s'ouvrait devant son zèle, mais un champ dont le sol était, assurait-on, spécialement ingrat. Quelque rude qu'il s'annonçât, ce tra-

---

1. P. de Brébeuf, *Mémoire sur la mission huronne.*

vail n'effraya pas le P. de Brébeuf, dont l'invincible patience était si notoire qu'il la reconnaissait lui-même : « Je suis un *Vrai Bœuf* à l'ouvrage », disait-il, en jouant aimablement sur son nom. Pour cette fois, malgré son extraordinaire constance et ses efforts surhumains, il ne put parvenir à ouvrir le moindre sillon dans cette terre opiniâtre. Après plusieurs mois de travaux au cours desquels sa vie avait été maintes fois en danger il dut céder à la force des choses et revenir à la mission, sans autre consolation que celle d'avoir envoyé du moins une nouvelle légion de petits anges au Paradis.

Ce retour fut marqué par un triste accident. En traversant un lac, le Père de Brébeuf fit sur la glace une chute dans laquelle il se cassa la clavicule gauche. L'intensité de la douleur fut telle qu'il en perdit les sens. Néanmoins, quand il sortit de son évanouissement, il ne voulut jamais consentir, comme ses compagnons l'en suppliaient, à se laisser placer par eux sur un traîneau. Il reprit la marche à pied. Le reste du trajet, — et il fut long, — devint dès lors un douloureux martyre pour le pauvre blessé. « Dans les endroits

escarpés, qu'il fallait quelquefois gravir en se
traînant sur la neige, on le voyait s'appuyer
péniblement sur son bras droit. Pour des-
cendre les côteaux, il se laissait glisser sur le
côté, plutôt que de s'exposer à un faux pas (¹).
A la mission même, on ne put rien pour
guérir cette fracture. Le vaillant apôtre ne
s'en émut point, et il reprit tout ce qu'il put
reprendre de ses travaux, comme s'il eût joui
d'une santé parfaite.

Cependant le Supérieur, bien que profondément édifié d'une vertu si mâle, n'attendait
que la première occasion pour renvoyer le
blessé au chef-lieu de la colonie, afin de l'y
faire soigner. Cette occasion se fit attendre
plus d'un an ; ce fut seulement vers la fin de
l'été de 1642 que le P. de Brébeuf aborda
à Québec. La ville avait pris un développe-
ment considérable. La Compagnie de Jésus
y possédait trois établissements : deux dans
la cité même, la résidence de N.-D. des Anges
et un collège, — qui fut le premier ouvert
dans l'Amérique du Nord, — et une maison
à quatre kilomètres des murs, Saint-Joseph

---

1. Le P. Martin. *Le P. de Brébeuf.* p. 209.

de Sillery ; autour de celle-ci s'étaient groupés un bon nombre de sauvages convertis. — L'apôtre, qui avait laissé le meilleur de son cœur parmi ses chers Hurons, comptait retourner bientôt parmi eux. La Providence en décida autrement, et le P. Vimond, nouveau Supérieur général de la mission, le retint à Québec, en lui confiant le soin des indigènes qui se trouvaient dans cette ville et à Saint-Joseph de Sillery.

****

Le P. Jean voyait en tout la main de Dieu. Sa foi était aussi vive que pleine de simplicité. Notre Seigneur venait de lui assigner un nouvel emploi ; il s'y dévoua sans réserve comme toujours. N'était-ce pas du reste auprès des sauvages qu'il continuait à travailler ? Il avait même le bonheur de pouvoir s'occuper encore de cette mission huronne qu'il avait fondée au prix de tant de fatigues et de tant d'efforts ; car le P. Vimond l'en avait nommé procureur. En cette qualité, il fit tout ce qu'il lui était humainement possible de faire pour la secourir.

Pendant l'une de ses courses apostoliques

à travers le territoire de la Nation Neutre, le
P. de Brébeuf avait vu un jour dans le ciel
une immense croix qui, venant du pays des
Iroquois, s'étendait sur celui des Hurons et
l'embrassait en entier. Dieu révélait mysté-
rieusement ainsi à celui dont il s'était fait un
instrument parmi ces peuplades le sort qu'il
leur voulait réserver. La prophétie divine
commençait déjà à se réaliser. Traqués par
leurs féroces ennemis, surpris plusieurs fois et
vaincus par eux, les malheureux Hurons
étaient aux abois. La mission partageait leur
détresse. Pour soulager cette misère, le P. de
Brébeuf organisa pendant l'automne 1633 un
convoi qui remonta le fleuve sous la conduite du P. Isaac Jogues. Mais ce convoi
tomba entre les mains des ennemis ([1]). —
D'autres canots chargés de provisions de toutes
sortes et de munitions de guerre partirent au
mois d'avril suivant. Ils eurent le même sort,
et le P. Bressani, qui en avait la direction,
devint à son tour le prisonnier des Iroquois.
Enfin, mieux défendu, un troisième convoi
fut plus heureux et il arrivait, le 16 septembre

---

1. Voir ce que nous avons écrit à ce sujet dans la notice
sur le P. Jogues.

1645, au pays des Hurons : il y ramenait le
P. de Brébeuf pour toujours.

*
* *

L'apôtre trouva la contrée sous une indicible impression de terreur. Tout y était bou-
leversé. — Les incursions des Iroquois s'y
succédaient; leurs embûches étaient aussi jour-
nalières que sanglantes. — Mais Dieu payait
largement en faveurs éternelles les épreuves
temporelles sous lesquelles il permettait que
ce peuple fût écrasé. La grâce coulait à flots
sur cette terre sauvage et elle y faisait fleurir
les plus suaves et les plus héroïques vertus.
On voyait s'y renouveler, parmi les néophytes
qui se multipliaient de tous les côtés comme
les germes au printemps, les actes les plus
beaux. Sous le coup d'une violente tentation,
un jeune sauvage se roule sur un étang glacé
et met ainsi en fuite son infernal ennemi. Un
autre, dans les mêmes circonstances, appli-
que sur sa chair quelques tisons ardents. « Si
ce feu te fait peur, se dit-il à lui-même, qu'en
sera-t-il donc de celui de l'enfer ? » — Un
troisième, Ignace Snouaretsi, après avoir lutté
en désespéré, est pris par les Iroquois. Aus-

sitôt il devine la mort cruelle qui l'attend ; son cœur, par une pente naturelle, va vers sa mère dans cet instant suprême, et c'est à elle que, par l'entremise d'un de ses cousins, il envoie ce simple et sublime adieu : « Dis à ma mère que je serai brûlé ; mais qu'elle ne pleure pas ma mort ; car, dans le feu, je ne penserai qu'au Paradis ! »

Telle était la forte race de chrétiens qui formait alors l'Église huronne. En l'enfantant à la grâce, le P. de Brébeuf lui avait communiqué son indomptable énergie et son amour de la croix. — Vivante image, ainsi que nous l'avons vu plus haut, du Dieu-Homme « doux et humble de cœur », il avait aussi, comme son divin Maître, soif de souffrir.

« Jésus-Christ est la vraie grandeur du missionnaire, avait-il écrit dix ans plus tôt ; c'est lui seul et sa croix que vous devez chercher... (¹) »

Et simplement, doucement, il avait fait entrer dans sa vie ce principe en son entier : privations, fatigues, jeûnes, veilles, macérations rigoureuses, il avait usé de tout, sans

______

1. *Mémoire sur la mission.*

ménagement aucun. — Notre-Seigneur le poussait d'ailleurs surnaturellement dans cette voie. Un jour, il lui apparaît couronné d'épines; un autre jour, il se décharge sur lui de la croix qu'il portait. Puis il se montre « couvert de lèpre et sans beauté », comme le serviteur de Dieu sera lui-même quand les Iroquois lui arracheront sa chair, lambeaux par lambeaux. Enfin, il enflamme si bien ce cœur du désir du martyre que le P. de Brébeuf, qui s'engagera en 1645 à tendre toujours dans toutes ses actions à la plus grande perfection, signe dès l'année 1639 ce magnanime vœu: « Mon Seigneur Jésus, que vous rendre en retour du bien que vous m'avez fait? *Je prendrai votre calice et j'invoquerai votre nom!* .... Oui, mon Seigneur Jésus, je fais vœu de ne jamais manquer à la grâce du martyre, si dans votre miséricorde, vous l'offrez à votre indigne serviteur. — Ainsi, à l'avenir, je ne pourrai plus me permettre de fuir les occasions qui se présenteront de mourir pour vous, et de ne pas accepter avec joie le coup de la mort, à moins toutefois que votre plus grande gloire ne demande le contraire. Je vous offre donc dès aujourd'hui et de grand cœur, ô mon

Seigneur Jésus, et mon sang et ma vie, afin que si vous m'en accordez la grâce, je meure pour vous qui avez daigné mourir pour moi. Faites que je vive de manière à obtenir que vous m'accordiez ce genre de mort. — Ainsi, Seigneur, *je prendrai votre calice et j'invoquerai votre nom*, Jésus, Jésus, Jésus ! »

Comme on le voit, depuis longtemps la victime était prête et, au gré de Dieu, l'heure sanglante du sacrifice pouvait sonner.

Les Iroquois avaient fait la paix avec la France. Jamais ils n'avaient pourtant déposé les armes contre les Hurons. — De 1645 à 1647, on avait constamment vécu dans les alarmes; c'est au milieu de périls perpétuels que le P. de Brébeuf et les autres missionnaires avaient continué leur apostolat. La moisson avait été aussi riche pour le ciel que, sur la terre, les dangers avaient été grands et nombreux ! Qu'importaient dès lors les souffrances? Qu'importait même le trépas ?

L'année 1648 s'ouvrit par de nouveaux

désastres. Les villages de Saint-Joseph et de
Saint-Michel, surpris tour à tour, avaient été
emportés, mis à feu et à sang. Partout l'hor-
reur était à son comble, quand soudainement
les Iroquois mirent bas les armes. Était-ce
crainte de leur part ? L'arrivée de Québec du
convoi qui amenait le P. Gabriel Lalemant,
cette précoce victime que nous allons bientôt
voir mourir, pourrait le faire croire. Mais peut-
être n'était-ce que perfide calcul aussi ! Les
vainqueurs voulaient endormir les vaincus
dans une sécurité trompeuse et une fois de plus
les prendre au dépourvu. — Trop confiants,
les Hurons croyaient en effet la paix revenue
quand, un matin, au mois de mars 1649, de
grands cris, des hurlements furieux se font
entendre dans le village de Saint-Ignace. —
Les Iroquois sont là. Comme un torrent dé-
vastateur, ils se répandent partout. Éveillés
en sursaut, les habitants peuvent à peine
leur opposer un semblant de résistance et, en
quelques instants, leur village n'est plus
qu'un monceau de ruines.

Trois de ces malheureux avaient pu cependant échapper à la hache des envahisseurs.
Ils courent au village de Saint-Louis, distant

d'une lieue environ, et ils avertissent le P. de Brébeuf et le P. Lalemant du désastre auquel ils viennent d'assister. — Aussitôt l'intrépide apôtre organise la résistance. Pasteur au cœur aussi tendre que vaillant, il se préoccupe avant tout des faibles et des petits et il fait conduire à la résidence Sainte-Marie, où se trouve un fortin occupé par quelques soldats français, tous ceux qui ne peuvent se défendre: Cinq cents femmes ou enfants lui devront ainsi la vie. Une centaine de guerriers demeurent à Saint-Joseph. Il y demeure avec eux. En vain le conjure-t-on de partir pour Sainte-Marie, lui aussi. Pourquoi tant le presser? C'est le martyre qui vient à lui peut-être.... Or, n'a-t-il point promis par vœu à JÉSUS-CHRIST son sang jusqu'à la dernière goutte? « Non, non, je ne partirai point, ma place est au milieu de vous. Je ne combattrai point, mais je soutiendrai votre courage et, si vous mourez, je vous aiderai à entrer en paradis. »

Et, avec l'aide du P. Lalemant ([1]), il baptise ceux qui ne sont encore que catéchu-

----

1. Voir la notice que nous avons écrite sur le P. Gabriël Lalemant.

mènes, il absout ceux qui sont chrétiens.... Lorsqu'au lever du soleil, les Iroquois parurent devant le village, comptant l'emporter par surprise comme la veille ils avaient emporté Saint-Ignace, derrière la palissade, ils virent cette poignée de chrétiens, l'âme tranquille, prête à combattre et à mourir. Un premier assaut est vaillamment repoussé. Un second est repoussé encore. Mais, à l'abri d'aussi primitives défenses, que pouvait une centaine de braves contre un millier d'assaillants? Attaqués de divers côtés à la fois, ils succombent sous le nombre. C'en est fait : l'ennemi triomphe, ils sont vaincus !

*
* *

Pour les deux missionnaires, faits prisonniers pendant qu'ils secouraient les blessés, c'était la passion qui s'ouvrait. Par une délicatesse toute divine, cette passion, dont les détails font frémir, commença pour les victimes au lieu même où leur héroïque charité les avait volontairement retenus, parmi les décombres fumants de Saint-Louis. Avant de retourner à Saint-Ignace, où ils s'étaient retranchés, les Iroquois dépouillèrent les deux prêtres de leurs vêtements : puis, comme s'ils eussent été impatients de commencer les tourments, ils leur arrachèrent les ongles des mains et des pieds. C'est dans cet état douloureux qu'ils leur firent faire, en tête des autres prisonniers, les quatre kilomètres qui les séparaient de Saint-Ignace.

Là, tout était prêt déjà pour le supplice. Les poteaux étaient dressés. On y pousse les victimes, en les accablant de coups. A la vue du pieu près duquel il va être immolé, le Père de Brébeuf est saisi d'un indicible transport ; comme saint André à la vue de sa croix, il s'agenouille et baise l'instrument de son supplice. Mais, dans son allégresse, il n'oublie pas ses enfants, les prisonniers qui vont souffrir avec lui. A l'exemple de la mère des Machabées, il les encourage à mourir. Alors, pendant que les feux s'allument, entre ce prêtre et ces sauvages baptisés d'hier, s'échange un dialogue, sublime dans sa simplicité.

— « Dans nos souffrances, dit le P. de Brébeuf, levons les yeux en haut !

— « Échon, répondent les Hurons, ne

crains rien: nos âmes seront au ciel, pendant que nos corps souffriront ici-bas...

— « Dieu verra nos douleurs : lui-même sera notre récompense.

— « Prie le Maître de la vie : qu'il ait pitié de nous !

— « Courage : les tourments sont courts, la gloire est éternelle.

— « Ah! nous ne cesserons de prier qu'en expirant ! »

Déjà le supplice avait commencé. On enfonçait des alènes rougies au feu dans les chairs du patient, on promenait sur ses membres des charbons embrasés. Et, toujours impassible en apparence, oublieux de ses souffrances pour ne penser qu'à ceux qui, près de lui, attendaient la mort, il continuait à les exhorter au courage et à leur parler du ciel.

Exaspérés d'une telle force d'âme, quelques Hurons apostats pour réduire le martyr ([1]) au silence, lui fendent la bouche jusqu'aux oreilles ; puis, ils lui coupent les lèvres et le

1. Voir le *Postulatum* par lequel le IIIᵉ concile provincial de Québec a demandé au Saint-Siège l'introduction de la cause de béatification du P. de Brébeuf.

nez. D'autres, lui arrachant des lambeaux de chair, les dévorent sous ses yeux.

J'imagine que, pour le fortifier au milieu de ces douleureuses horreurs, son ange dut alors murmurer à l'oreille du P. de Brébeuf quelque chose du vœu de 1639: «.... je fais vœu de ne jamais manquer à la grâce du martyre, si dans votre miséricorde, vous l'offrez à votre indigne serviteur... »

Cependant l'acharnement des sauvages ne se fatiguait pas. A la cruauté, ils entremêlaient l'ironie : « Plus on souffre, as-tu dit, plus on est récompensé là-haut. Quelle reconnaissance ne nous devras-tu pas, Échon! » Et, sur sa poitrine, sur son dos, sur ses reins, ils posaient à plat des haches rougies au feu, qui pénétraient dans les chairs, au milieu d'un nuage d'âcre fumée.

La trahison ne pouvait pas plus manquer à cette passion qu'elle n'avait manqué à la passion du Sauveur. — « Sans baptême, pas de salut, » criaient quelques Hurons apostats, et, ce disant, ils versaient de l'eau bouillante sur les plaies vives en ricanant.

Le supplice durait depuis deux grandes heures, et la constance de l'apôtre ne se démentait pas. Les yeux au ciel, le P. de Brébeuf priait. Dieu le soutenait à proportion des tortures qu'on lui faisait subir. Mais, dans leur rage, les bourreaux inventent de nouvelles cruautés. Ils font rougir un collier de fer, ils le passent au cou de l'invincible athlète, auquel ils arrachent en même temps la peau de la tête en forme de couronne, et ils sèment ensuite sur son crâne mis à nu des tisons enflammés. Ils entourent ses reins d'une ceinture résineuse, puis ils y mettent le feu. Une heure se passe encore dans ces tourments et, chose incroyable, la patiente victime est toujours debout. Alors la lassitude et le dépit font ce que n'a pu faire la pitié : une hache se lève, la tête du martyr roule sur le sol et, parée de ses souffrances, son âme indomptable s'élance glorieuse vers le ciel... (16 mars 1649.)

*
* *

Trois jours après, une inexplicable panique mettait en fuite les Iroquois. Comme un vol d'oiseaux carnassiers, ils s'étaient abattus sur le pays des Hurons. L'œuvre de mort terminée, ils rentrèrent pour un temps dans leurs forêts, repus de sang. Sur le lieu même du supplice, émerveillés du courage de leur victime, ils s'étaient partagé son cœur et ils l'avaient dévoré en un festin hideux. Mais, après leur fuite, les Pères accourus de Sainte-Marie, purent reconnaître les restes du P. de Brébeuf. Ils les recueillirent comme un trésor inestimable, et son chef, pieusement enchâssé dans un buste d'argent, fut déposé à l'hôpital de Québec où il se trouve encore de nos jours.

Puissent les faveurs exceptionnelles obtenues déjà par l'intercession du Serviteur de Dieu se multiplier de plus en plus parmi les fidèles ! Puisse l'Église, mue par elles, couronner prochainement de l'auréole des Bienheureux ce front si cruellement déchiré icibas ! Puisse enfin le Canada, dans le sol chrétien duquel sa mémoire s'est si profondément enracinée, avoir la joie de saluer bientôt dans Jean de Brébeuf, avec l'un de ses premiers apôtres, un de ses plus intrépides martyrs !